AF356711

CATALOGUE

D'OBJETS D'ART

ET DE

CURIOSITÉ

Marbres, Bronzes, Armes, Bois sculptés,
Meubles français & italiens, du XVIe siècle;
Terres cuites, Étoffes anciennes;

ET D'UNE INTÉRESSANTE COLLECTION

DE

MAJOLIQUES ITALIENNES

Des Fabriques d'Urbino, Faënza, Castel-Durante, Savone,
Castelli, Venise, Della-Robbia;

DONT LA VENTE AUX ENCHÈRES PUBLIQUES AURA LIEU

HOTEL DES COMMISSAIRES-PRISEURS

Rue Drouot, 5

SALLE No 7

LE MERCREDI 14 FÉVRIER 1866

A UNE HEURE ET DEMIE.

Me **DELBERGUE-CORMONT**, Commissaire-Priseur,
rue de Provence, 8,

Assisté de **M. DHIOS**, Expert, rue Le Peletier, 33,

CHEZ LEQUEL SE DISTRIBUE LE CATALOGUE.

EXPOSITION PUBLIQUE

Le Mardi 13 Février 1866, de une heure à cinq heures

PARIS — 1866

EXEMPLAIRE DE DHIOS

Dried

CATALOGUE

D'OBJETS D'ART

ET DE

CURIOSITÉ

**Marbres, Bronzes, Armes, Bois sculptés,
Meubles français & italiens, du XVIe siècle;
Terres cuites, Étoffes anciennes;**

ET D'UNE INTÉRESSANTE COLLECTION

DE

MAJOLIQUES ITALIENNES

Des Fabriques d'Urbino, Faënza, Castel-Durante, Savone,
Castelli, Venise, Della-Robbia;

DONT LA VENTE AUX ENCHÈRES PUBLIQUES AURA LIEU

HOTEL DES COMMISSAIRES-PRISEURS

Rue Drouot, 5

SALLE N° 7

LE MERCREDI 14 FÉVRIER 1866

A UNE HEURE ET DEMIE.

Me **DELBERGUE-CORMONT**, Commissaire-Priseur,
rue de Provence, 8,

Assisté de **M. DHIOS**, Expert, rue Le Peletier, 33,

CHEZ LEQUEL SE DISTRIBUE LE CATALOGUE.

EXPOSITION PUBLIQUE

Le MARDI 13 Février 1866, de une heure à cinq heures

PARIS — 1866

CONDITIONS DE LA VENTE

———

Elle aura lieu au comptant.

Les Acquéreurs paieront CINQ pour cent en sus du
prix d'adjudication, applicables aux frais.

DES OBJETS

FAÏENCES

FABRIQUE DE FAENZA

PROVENANT DE LA COLLECTION DE FEU DELSETTE, DE BOLOGNE.

1 — Une très-grande et belle Glace surmontée d'un fronton. Une couronne soutenue par des Amours; sur les côtés, des Amours jouant dans les fleurs, des chimères et têtes de lions. Tous les ornements sont en relief. Hauteur, $1^{m}50$. Pièce très-curieuse.

2 — Deux grands et beaux Vases dont les panses sont ornées de sujets en relief. Des chimères ailées forment les anses. Hauteur, 60 c.

3 — Deux grands et beaux Médaillons dont les sujets de couleur en relief représentent des portraits de femmes. Bordures de fruits et de fleurs. Diam., 75 c.

4 — Deux autres, même fabrique, sans bordures pouvant se fixer dans un mur.

5 — Un Pied pouvant servir pour supporter une table. Composition de trois caryatides; bel émail. Hauteur avec son pied forme rondelle, 64 c.

6 — Une pièce apte à recevoir une Cuvette ou un Plat creux. Joli sujet; trois sirènes forment pieds; bel émail. Hauteur, 76 c.

7 — Deux Vases à fleurs, style Louis XVI, à anses, les panses sont ornées d'arabesques et de fleurs. Hauteur, 42 c.

8 — Deux autres, même fabrique, style Louis XV et même genre.

9 — Deux très-jolis petits Vases à une anse formée par un serpent qui s'enroule autour de la panse, qui, sur fond bleu est décorée d'arabesques Renaissance.

10 — Une Écritoire formée d'un groupe. Un Pâtre jouant du pipeau et gardant ses moutons.

11 — Un grand Bassin ovale, cristal blanc, repoussé à bossages, Louis XV; les anses sont formées par des sirènes; au centre du fond se trouve un blason.

12 — Un grand Plateau, émaillé blanc, forme gracieuse.

13 — Une Jardinière, émaillée blanc; aux quatre angles, des chimères, mascarons. Pièce portant un blason.

14 — Un très-grand Vase dont les anses sont formées de serpents enroulés. Le centre présente un médaillon d'empereur romain et est entouré d'une inscription. Fond bleu, orné d'arabesques. Hauteur, 62 c.

15 — Une grande Fontaine, formée d'un Bacchus à cheval sur un tonneau sur lequel est la date 1574 et un monogramme.

16 — Une Soupière formée d'un fruit.

17 — Un joli Saladier, très-orné par un aspect de château dans un paysage et dont le bord forme draperies.

18 — Un Vase, forme bouteille grosse panse décorée d'ornements, de figures, de chimères et de rinceaux.

Un autre, même forme, dont les bandes alternées de jaune clair et de bleu sont ornées d'arabesques.

FABRIQUE DE CASTEL - DURANTE

19 — Un très-beau Saladier. Le médaillon du centre offre un Amour sur un val marin qui fend l'onde. Ornements d'ara   es. Il porte un monogramme.

20 — Deux Coupes à piédouche ornées de rinceaux et d'arabesques.

21 — Deux autres, même époque et même style.

22 — Un Plat orné d'un médaillon allégorique, ornements d'arabesques. Diam., 41 c., cadre bois noirci et doré.

23 — Un autre, sujet allégorique, rinceaux d'arabesques et d'oiseaux. 42 c., encadré noir et or.

24 — Une Salière Renaissance à pieds; aux angles quatre chimères ailées, ornements de la Renaissance. Jolie pièce.

25 — Un grand Pot à anse décoré de rinceaux de couleurs sur fond blanc. Le médaillon représente une femme assise. Hauteur, 32 c.

26 — Un grand Plat fond blanc, orné de zones ornées en couleurs. Au centre un blason. Cadre en bois noir et doré.

27 — Un très-joli petit Plateau style Renaissance, petit médaillon au centre. Arabesques très-fines dans son cadre en bois pans coupés noir et or.

28 — Un très-grand Plat présentant la Vierge et l'enfant Jésus, le rinceau est formé d'arabesques. Pièce très-ancienne. Diam., 53 c., sans son cadre en bois noir et doré.

29 — Un autre grand Plat; au centre un Amour ailé alterné de deux bandes d'ornements de couleur, sur fond blanc. Diam., 47 c., sans son cadre.

30 — Un grand Plat découpé à jours, sur fond blanc des bandes alternées de rinceaux en couleurs. Au centre, un blason. Très-belle pièce Diam., 44 c., Un cadre imitant l'ébène et doré.

31 — Deux petits Cornets.

32 — Un joli plateau à bord surélevés imitant l'émail sur cuivre de Chine. Une scène variée orne toute la pièce, curieuse par sa forme et la finesse de l'émail.

33 — Deux autres, moins grands et du même travail.

34 — Un grand Plat. Des ruines dans un paysage au premier plan. Une jeune femme et sa confidente. Cadre bois noir.

35 — Deux Bouteilles forme vases et à anses ornées de trophées.

36 — Un Plat ovale fond blanc orné d'arabesques et de bandes alternées de couleurs.

FABRIQUE DE CASTELLI

37 — Un charmant petit Plateau dont le médaillon présente la toilette de Vénus. Le rinceau est décoré de fleurs et de vases. Belle qualité d'exécution. Cadre en bois sculpté et doré.

37 *bis*. — Un autre formant pendant. Médaillon présentant Diane au bain. Au premier plan, Actéon la surprend, abrité derrière une charmille. Au second plan, sa métamorphose, rinceaux, anges et fleurs.

38 — Une fort belle plaque d'une très-belle composition. Le triomphe d'Amphitryte, belle pièce d'un charmant aspect, riche bordure en bois sculpté et doré. Long., 33 c.; haut., 27 c., sans le cadre.

39 — Une autre belle plaque, offrant un sacrifice. Douze personnages. Longueur, 35 c.; haut., 27 c. Cadre noir et or.

40 — Jésus et saint Jean. Le Baptême.

41 — Deux belles plaques. Paysages et ruines. Personnages au premier plan. Ces deux pièces sont d'un grand fini et d'un très-bel émail.

42 — Deux plaques présentant des portraits de saints. Cadres dorés.

43 — Deux autres plaques.

44 — Deux Assiettes. Paysages et ruines. Cadre doré.

45 Deux autres, même fabrique.

46 — Deux autres Assiettes à dessert.

FABRIQUE DE PEZARO

47 — Une Bouteille forme livre. Pièce très-ancienne et importante. Sur les faces, des médaillons de la Vierge à la chaise, de Raphaël ; petits mascarons aux coins. Pièce curieuse.

48 — Uu grand Plat à reflets métalliques. Fleurs et ornements saillants.

49 — Un Vase forme ovoïde, fond vert foncé et ornements.

50 — Un plateau à pans coupés. Ruines, fond orange.

51 — Un petit pot à anse décoré d'une étoile, au centre, bandes alternées jaunes et bleues.

FABRIQUE D'URBINO

52 — Un vase droit. Une déesse dans des ruines.

53 — Deux belles Coupes profondes à bossages. Sujets tirés de l'histoire romaine. Très-ancienne qualité. Cadres noirs.

54 — Un groupe composé d'un Bacchus et de deux Amours formant encrier. Bel émail.

55 — Un grand plat dont le sujet présente le passage de la barque à Caron, neuf personnages. Diam., 38 c.; cadre découpé, Louis XV; bois doré.

56 — Une très-belle et très-ancienne pièce d'Urbino. Une Vierge tenant l'Enfant Jésus. Très - bel émail.

57 — Un plateau creux présentant l'ensevelissement du Christ. Bon dessin. Cadre noir et or.

58 — Un autre. Une allégorie. Trois déesses dans des nuages.

59 — Une Coupe profonde à bossages. Achille conduisant une déesse. Cadre noir à pans coupés.

60 — Adam et Eve chassés par l'Ange. Bordure bois sculpté noir et or.

FABRIQUE DE VENISE

61 — Un grand Plat ovale, fond blanc, décoré de bandes de couleurs.

62 — Deux petites Salières à couvercles décorés de fleurs.

63 — Deux beaux plats; sujets repoussés. Amours sur les bords et à médaillons. Pièces rares.

64 — Deux très-beaux Plats de Chine; ancienne qualité; pièces très-fines; cadres bien sculptés; travail italien.

65 — Un Lustre, verre de Venise, à seize lumières, fleurs et feuilles.

66 — Une très-ancienne terre cuite. La Vierge adorant l'Enfant Jésus; au-dessous se trouve une inscription.

67 — Une grande bassine de cuivre du temps de Louis XV, Cuivre et bronze supporté par des griffes de lion. Diam., 70 c.

68 — Une autre ronde; cuivre rouge; repoussée; d'un beau modèle.

69 — Une fontaine et son bassin.

70 — Une grande lampe, repoussée; mascarons, têtes d'anges.

71 — Deux appliques formant lumières.

72 — Deux plateaux gravés, beau métal, blasons gravés au centre.

73 — Une petite lampe genre cuivre repoussé, suspendue par des chaînes.

MEUBLES, BRONZES, MARBRES, ARMES

74 — Un cabinet en palissandre et ébène; sur tous les tiroirs se trouvent des os très-anciens, aux coins de beaux cuivres Louis XIII, têtes d'anges. Une jolie statuette bronze au milieu. Long., 92 c., haut., 57 c.

75 — Deux têtes servant de supports.

75 — Deux lampes fabrique de Naples. Femme tenant une lampe.

77 — Quatre belles chaises Louis XIII, bois sculpté, médaillons, bois incrusté.

78 — Six chaises Louis XVI.

79 — Quatre chaises Louis XIII, bois sculpté.

80 — Quatre statuettes d'enfants, bois sculptés, représentant les Quatre Saisons.

81 — Un Amour pouvant servir pour une console.

82 — Deux entourages de glace vénitienne.

83 — Une statue en marbre blanc. Vénus sortant du bain, dite Vénus au dauphin. Haut., 83 c.

84 — Une autre statue en marbre blanc. La Vénus callipige.

85 — Un joli petit coffre en noyer, style Renaissance. Haut., 83 c.

86 — Beau meuble à deux corps en bois sculpté, du xvie siècle (dit style Jean Goujon).

87 — Grand meuble à deux corps en marqueterie, en bois époque Louis XIII.

88 — Cabinet italien en écaille et ébène, ornés de cuivres repoussés et dorés.

89 — Glace italienne, cadre et ébène gravé et orné d'ornements en bois sculpté et doré, époque Louis XIII.

90 — Paire de grands chenets en cuivre, époque Louis XIII.

91 — Très-beaux et grands chenets italiens en bronze du XVLe siècle.

92 — Beau plat en cuivre gravé, à personnages et ornements (travail vénitien du XVIe siècle).

93 — Cantine arabe en cuivre étamé, couverte de gravures et inscriptions.

94 — Porte-salière Louis XVI, en argent, finement ciselé et repoussé.

95 — Deux émaux ovales en camaïeu rose, époque Louis XIII.

96 — Couteau persan, lame en damas, manche en jade blanc.

97 — Très-beau bas-relief en bronze florentin représentant la Charité, XVIe siècle.

98 — Deux plaques de diptyques en ivoire, du XVIe siècle.

99 — Deux médaillons en cristal de roche, avec peintures églomisées. Saint Pierre et saint Paul.

100 — Coquille en fer repoussé et ciselé provenant d'une épée dite cuiller à pot.

101 — Deux coupes orientales en cuivre gravé et émaillé.

102 — Deux salières Louis XV, en argent repoussé.

103 — Couteau manche d'ivoire, lame en argent.

104 — Beau bas-relief en marbre. La Sainte-Famille. XVIe siècle.

105 — Canette droite en faïence de Perse.

106 — Cadre italien en bois sculpté du XVIe siècle.

107 — Une jolie petite pendule Louis XVI, bronze doré et marbre blanc : L'Amour et l'Innocence.

108 — Coupe d'accouchée faïence d'Urbino, avec couvercle décoré d'arabesques, et sujets gracieux à l'intérieur. Belle forme et bonne conservation.

109 — Un petit miroir époque Louis XIV, cuivre repoussé et doré. Bon style.

110 — Une plaque faïence d'Urbino, Sainte Famille. Bon dessin, beau décor.

111 — Un petit coffre écaille rouge Louis XIII, garni d'argent.

112 — Une miniature ovale, Louis XVI, roi. Cadre doré.

113 — Une jolie plaque vernis Martin Surivoës : Diane.

114 — Un beau pistolet de Lazarino, riche de ciselure. Bonne conservation.

115 — Un poignard oriental, manche jade sculpté, lame damas.

115 — Une épée espagnole, coquille à panier à jour, ciselé. Travail de la fin du XVIᵉ siècle.

117 — Une épée vénitienne de capitaine de galère, en acier ciselé à jour, lame courte. Travail du XVIᵉ siècle.

118 — Une épée garde abarette, fer forgé, forme dite François Iᵉʳ, lame longue.

119 — Une épée garde abarette, fer forgé, forme dite François Iᵉʳ, lame large.

120 — Quatre épées de divers époques. Ce lot sera divisé.

121 — Un joli groupe, bois sculpté du XVIᵉ siècle, français : la Vierge assise tenant l'Enfant-Jésus, un saint agenouillé. École de Fontainebleau.

122 — Deux consoles Louis XV.

123 — Un buste de femme en marbre.

124 — Un autre.

125 — Deux fûts en albâtre.

126 — Un coffret en marqueterie.

127 — Un écran en cuivre.

128 — Un lit à colonnes, portugais.

129 — Deux cadres italiens, bois doré.

130 — Deux chaises portugaises Louis XIV.

131 — Deux fauteuils riches.

132 — Un buste Louis XIII.

133 — Un crédence style Jean Goujon.

134 — Uu buffet à deux portes marqueté.

135 — Deux serrures en fer avec leurs clefs. Pièces rares.

136 — Un marteau de porte en fer forgé. Travail italien du XVIᵉ siècle.

137 — Trois lots de clefs en fer ouvragé.

138 — Dix cadenas anciens en fer.

139 — Tabatière écaille, ornée d'émaux.

140 — Bronzes chinois et japonais.

141 — Peau de tigre.

142 — Terres cuites par *Lemaire* et *Kley*.

143 — Étoffes anciennes.

144 — Objets divers.

Renou et Maulde, Imprimeurs de la Compagnie des Commissaires-Priseurs, rue de Rivoli, 144.   49839